HISTOIRE & ACTUALITÉ

NELSON MANDELA

Le combat contre l'apartheid

Par Françoise Puissant Baeyens

50MINUTES.fr

NELSON MANDELA

INTRODUCTION

Lorsque Nelson Mandela est libéré le 11 février 1990, après 27 années passées en prison, le monde entier a les yeux rivés sur l'Afrique du Sud. À cette époque, personne n'incarne mieux que lui la lutte contre l'apartheid, le régime politique mis en place en 1948 pour institutionnaliser une ségrégation raciale touchant tous les aspects de la vie des Sud-Africains. Les images de sa libération, retransmises dans le monde entier, propagent l'espoir d'un avenir meilleur pour le pays.

Alors qu'il quitte la prison, levant le poing en signe de victoire, acclamé par la foule réunie pour l'honorer, les dernières paroles prononcées avant sa condamnation résonnent dans tous les esprits :

> « J'ai combattu contre la domination blanche et j'ai combattu contre la domination noire. J'ai chéri l'idéal d'une société libre et démocratique dans laquelle tout le monde vivrait ensemble en

> harmonie et avec des chances égales. C'est un idéal pour lequel j'espère vivre et que j'espère accomplir. Mais si nécessaire, c'est un idéal pour lequel je suis prêt à mourir. » (CLAUDE (Patrice), « Mort de Nelson Mandela, l'Africain capital », in *Le Monde*, 5 décembre 2013)

Le destin peu commun de celui qui aimait être appelé Madiba, en souvenir du nom du clan de ses aïeux, ne s'arrête pas là. Après sa libération, il joue un rôle important dans les négociations qui ont lieu entre son parti, l'ANC, et le régime en place et qui déboucheront sur le démantèlement de l'apartheid et l'organisation des premières élections démocratiques du pays. Élu président de la nouvelle nation arc-en-ciel en 1994, il se voit confier la tâche ardue de mener l'Afrique du Sud sur le chemin de la réconciliation, un chemin semé d'embûches, le long duquel il devra faire face aux peurs des Blancs et aux espoirs des Noirs…

DONNÉES CLÉS

- **Naissance ?** Le 18 juillet 1918 à Mvezo (province du Cap).
- **Mort ?** Le 5 décembre 2013 à Johannesburg.
- **Apports majeurs ?**
  - Militant de la lutte antiapartheid
  - Création de la branche militaire de l'ANC (Congrès national africain), le *Umkhonto we Sizwe* (« Fer de lance de la Nation ») à partir de 1960
  - Contribution au processus de transition démocratique (1990-1994)
  - Président de la république d'Afrique du Sud (1994-1998) suite aux premières élections démocratiques
  - Figure emblématique de la réconciliation

BIOGRAPHIE

Portrait de Nelson Mandela.

« CELUI QUI SECOUE LES ARBRES »

Rolihlahla Mandela naît le 18 juillet 1918 dans le village de Mvezo, situé dans le bantoustan du Transkei, dans la province du Cap. La traduction approximative de son prénom de naissance est « Celui qui secoue les arbres » ou encore « Fauteur de troubles ». De lignée royale, son père appartient à la dynastie des Thembu, l'une des plus grandes tribus de l'ethnie Xhosa.

Premier de sa famille à fréquenter l'école, il est inscrit à l'âge de 7 ans dans une mission méthodiste. À la mort de son père qui survient deux ans plus tard, le jeune Nelson est recueilli par le régent de la tribu. La tradition le destine à devenir conseiller du futur roi.

LE SAVIEZ-VOUS ?

C'est sa première institutrice qui lui attribue d'autorité son prénom anglais, Nelson.

À 19 ans, il poursuit son parcours scolaire dans une autre école méthodiste à Fort Beaufort, et entame ensuite des études à l'université de Fort Hare. Mais, au cours de sa seconde année, il est expulsé pour avoir participé à une protestation estudiantine. Mandela rejoint alors son village où un autre désastre l'attend : le roi lui a choisi une fiancée. Pour échapper à ce mariage arrangé, il s'enfuit en 1941 à Johannesburg.

L'ENGAGEMENT DANS L'ANC

Nelson Mandela souhaite devenir avocat. Il entame des études de droit par correspondance à l'université de Witwatersrand et est engagé comme employé dans un cabinet grâce à l'intervention de Walter Sisulu (dirigeant de l'ANC, 1912-2003). La rencontre avec ce dernier est déterminante : grâce à lui, Mandela entre dans l'ANC, un parti fondé pour défendre les intérêts de la communauté noire en Afrique du Sud. À cette époque, il fait également la connaissance d'Evelyn Mase (1922-2004) qu'il épouse en 1944.

Son entrée sur la scène politique survient la même année, lors du lancement de la Ligue de la Jeunesse de l'ANC, auquel il contribue. Dans les années cinquante, Mandela s'impose peu à peu comme une figure prépondérante au sein du parti. Mais son engagement total à la cause politique a raison de son premier mariage, duquel sont nés quatre enfants.

En 1952, Nelson Mandela monte avec Oliver Tambo (président de l'ANC en exil, 1917-1993) le premier cabinet d'avocats noir d'Afrique du Sud. Le succès est immédiat et contribue à sa renommée.

À l'été 1957, il fait la rencontre de Winnie Madikizela (membre de l'ANC, née en 1936), de 16 ans sa cadette. Il tombe sous le charme de la jeune femme, et s'unit à elle l'année suivant leur rencontre. Winnie et Nelson Mandela auront deux filles.

LE COMBATTANT POUR LA LIBERTÉ

Le 21 mars 1960, une manifestation pacifique organisée à Sharpeville entraîne une répression violente au cours de laquelle 69 personnes trouvent la mort et environ 180 autres sont blessées. Suite à cet événement, tous les partis de lutte contre l'apartheid, dont l'ANC, sont déclarés illégaux ; Mandela et les autres dirigeants du parti entrent dans la clandestinité.

Mandela est à présent convaincu de la nécessité de la lutte armée pour défendre ses idéaux. Réticents à causer des pertes humaines, les membres de l'aile militaire nouvellement créée, le *Umkhonto we Sizwe*, se livrent toutefois exclusivement à des actes de sabotage.

Après deux ans de cavale, Mandela est capturé au mois d'août 1962. Quelques mois plus tard, en 1963, la plupart des dirigeants du parti sont eux aussi emprisonnés. Accusés de haute trahison, Mandela et ses compagnons sont condamnés à la réclusion à perpétuité.

L'EMPRISONNEMENT À ROBBEN ISLAND

Quand il franchit l'entrée de la prison, Mandela est âgé de 46 ans. Il ne retrouvera sa liberté que 27 ans plus tard, après avoir passé 18 ans à Robben Island, au large du Cap, où les conditions de vie sont extrêmement difficiles. Durant cette incarcération, il gagne en notoriété. Il devient en effet le symbole de la lutte contre le régime raciste de l'apartheid, de plus en plus décrié par la communauté internationale.

Photo de la cellule de Nelson Mandela à Robben Island.

En 1982, Mandela et ses compagnons sont transférés dans la prison de Pollsmoor (Cap). Deux ans plus tard, le Gouvernement afrikaner prend contact avec Mandela. Des négociations sont entamées dans le plus grand secret.

LE PRÉSIDENT DE LA NATION ARC-EN-CIEL

L'interdiction pesant sur l'ANC est levée en 1990, et Nelson Mandela est libéré peu après. Sa remise en liberté s'accompagne de scènes de jubilation partout en Afrique du Sud. Les négociations pour jeter les bases d'un État démocratique se poursuivent dans un climat d'affrontements intercommunautaires incessants.

PRIX NOBEL DE LA PAIX

Les efforts de Nelson Mandela et du président Frederik De Klerk (né en 1936) réalisés en vue d'abolir le régime de l'apartheid sont reconnus mondialement, et, en 1993, ils reçoivent conjointement le prix Nobel de la paix.

Sur le plan personnel, il se sépare de Winnie en 1992. Leur divorce est prononcé en 1996.

Suite aux premières élections démocratiques en Afrique du Sud, Mandela est élu président.

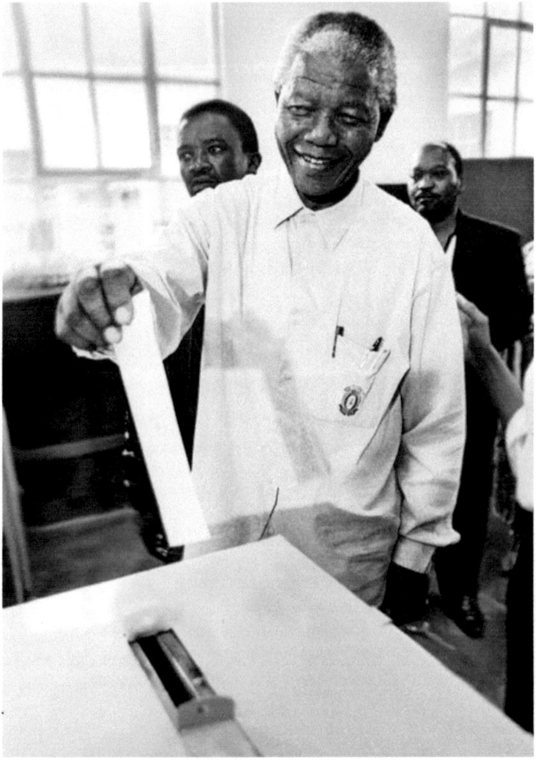

Participation de Nelson Mandela aux votes pour l'élection présidentielle de 1994.

Il consacre ses années passées à la tête de la nation arc-en-ciel à mener son pays sur la voie de la réconciliation. En 1999, après avoir terminé son premier mandat, il quitte la présidence, mais demeure une figure vénérée par le peuple sud-africain, qui donne son nom à d'innombrables buildings, avenues et places.

UN PATRIARCHE RESPECTÉ DANS LE MONDE ENTIER

Pour son 80e anniversaire, il épouse Graça Machel (née en 1945), la veuve de l'ancien président du Mozambique.

LE SAVIEZ-VOUS ?

Mandela fait sa dernière apparition publique à Johannesburg, lors de la finale de la Coupe du monde de 2010. Il a contribué à faire de l'Afrique du Sud la lauréate pour accueillir la compétition.

À partir de 2012, sa santé se dégrade fortement. Sa disparition le 5 décembre 2013 s'accompagne d'un hommage sans précédent à celui qui reste dans toutes les mémoires le héros de la réconciliation sud-africaine.

CONTEXTE

Pour appréhender les origines du régime de l'apartheid, contre lequel Mandela a lutté toute sa vie durant, il faut remonter à l'arrivée des premiers Européens en Afrique du Sud.

L'INSTALLATION DES BOERS ET L'ARRIVÉE DES ANGLAIS

En 1652, la Compagnie hollandaise des Indes orientales établit un comptoir colonial au cap de Bonne-Espérance. Progressivement, elle fait venir des agriculteurs des Pays-Bas, afin d'assurer l'autonomie de son comptoir. Une fois leur mission achevée, certains repartent vers la métropole, alors que d'autres décident de rester définitivement dans la région, espérant s'élever en rang et en fortune. La Compagnie leur permet de s'installer comme citoyens libres : ce sont les premiers Boers (« paysans » en néerlandais).

À la fin du XVIIIe siècle, les Anglais débarquent au Cap et prennent progressivement le contrôle de la région. Les Boers, opposés à l'introduction de la langue et du système juridique anglais, s'installent dans des zones désertiques aux alentours.

LE GRAND TREK

En 1833, les Boers perçoivent l'abolition de l'esclavage décrétée par les Britanniques comme une atteinte à l'ordre divin et décident de quitter la région du Cap. Leur départ marque le début du Grand Trek, durant lequel des milliers de Boers, désireux de s'émanciper du pouvoir colonial, s'exilent à l'intérieur des terres pour y fonder des républiques indépendantes. Cet épisode est considéré comme le mythe fondateur de leur civilisation.

À mesure de leur avancée, les peuples africains sont dépossédés de leurs biens. Les Boers, qui se considèrent comme les propriétaires naturels de la région, font preuve d'une grande violence pour les en déloger.

L'EXPANSION DE LA COLONIE BRITANNIQUE

Les Britanniques ont également le dessein d'agrandir leur territoire, ce qui entraîne de nombreuses guerres. Les Boers, repoussés une nouvelle fois, s'installent sur les plateaux austères du Veld et fondent l'État libre d'Orange ainsi que le Transvaal, dont les Anglais reconnaissent l'indépendance dans les années 1850.

Entre 1866 et 1886, des gisements d'or et de diamant sont découverts au cœur du Transvaal. Toute la région, précédemment rurale et pauvre, connaît alors une formidable vague d'industrialisation. Les capitaux affluent et les premières villes, comme Johannesburg, émergent.

À partir de 1899, une nouvelle guerre éclate entre les Anglais, désireux de mettre la main sur les richesses du Transvaal, et les Boers. Après quelques revers, l'armée britannique parvient à prendre le dessus.

L'UNION SUD-AFRICAINE

En 1910, l'Union sud-africaine est créée. Bien qu'elle soit entre les mains du souverain britannique, lui-même représenté dans la colonie par un gouverneur général, le Gouvernement reste local.

En 1913, le Parlement sud-africain adopte le Native Land Act, qui restreint le droit de propriété de la majorité indigène noire à quelques régions bien délimitées, qui représentent seulement 10 % de l'ensemble du territoire. Ces dispositions légales constituent le fondement du futur régime de l'apartheid.

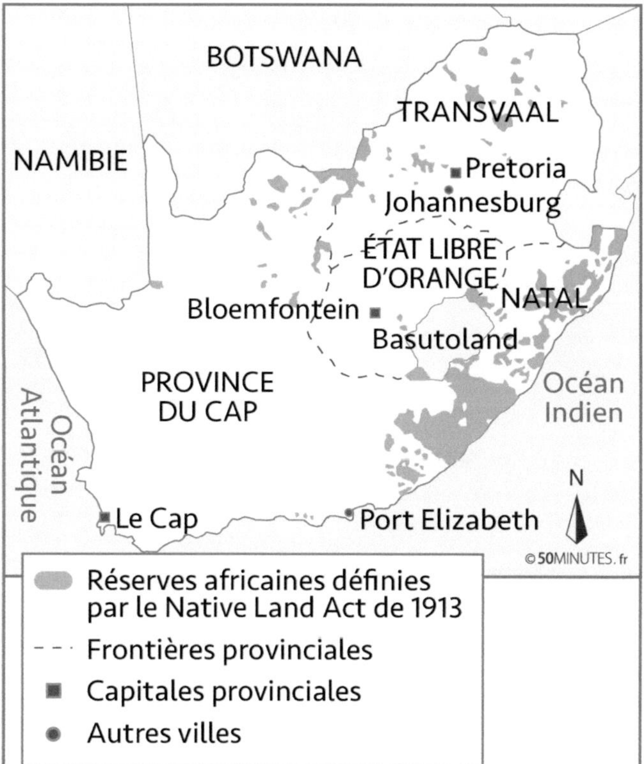

Le Native Land Act de 1913

Un an plus tard, le Parti national est créé. Il se veut l'expression politique du nationalisme des Afrikaners – terme qui supplante au XXe siècle celui de « Boers » et qui désigne les Blancs d'Afrique du Sud non-anglophones. Ce parti défend fermement l'idée que les Afrikaners ont le devoir sacré de faire de l'Afrique du Sud le pays de l'homme blanc.

LE SAVIEZ-VOUS ?

Le nationalisme des Afrikaners trouve ses racines dans le mythe des paysans boers, présentés comme des pionniers simples et pieux, qui se sont ouvert une voie en Afrique du Sud avec leur fusil, leur bible, leurs bœufs et leur chariot. La langue afrikaans (langue dérivée du néerlandais), parlée principalement par les Blancs non anglophones d'Afrique du Sud, est également un vecteur d'identité communautaire.

LA NAISSANCE DE MOUVEMENTS DE DÉFENSE DES DROITS CIVIQUES

En réaction aux inégalités criantes qui existent entre Blancs et Noirs, plusieurs mouvements de défense des droits des communautés non blanches sont créés, parmi lesquels le Congrès national africain en 1912, qui lutte pour l'émancipation de la communauté noire. Les méthodes choisies par l'ANC pour défendre son idéologie s'inspirent initialement de celles du Congrès indien de Gandhi (guide spirituel et dirigeant politique indien, 1869-1948).

Gandhi et l'Afrique du Sud

Gandhi a séjourné en Afrique du Sud de 1893 à 1915, alors qu'il était avocat pour une entreprise indienne. Confronté aux inégalités et au racisme dont souffre sa communauté en Afrique du Sud, il fonde le Congrès indien (South African Indian Congress) en 1895 et développe son action de lutte par le biais de la résistance pacifique et de la désobéissance civile.

LES DÉBUTS DE L'APARTHEID

En 1948, le nationaliste Daniel Malan (homme politique sud-africain, 1874-1959) devient Premier ministre. L'apartheid est officiellement érigé, ce qui vient figer et institutionnaliser une situation de ségrégation raciale préexistante.

La population est désormais classée en quatre catégories principales : les Blancs, les Indiens, les Métis et les Noirs. Les populations non blanches sont soumises à un faisceau de lois qui les privent de leurs droits fondamentaux : il leur est, par exemple, interdit de se marier ou d'avoir des enfants avec des Blancs, de voter, de faire la grève ou encore de se syndiquer.

LE SAVIEZ-VOUS ?

Le mot « apartheid » vient du français « à part » et signifie « séparation » en afrikaans. On distingue le petit apartheid, qui limite les contacts des Blancs avec les non-Blancs (zones séparées dans les transports publics et les lieux ouverts), et le grand apartheid, qui définit l'espace en zones géographiques séparées et ethniquement déterminées.

En 1955 a lieu le Congrès du peuple à Kliptown. Il rassemble diverses organisations politiques antiapartheid dont l'ANC, le Congrès indien et le Parti communiste. Au cours de l'événement, la Charte des libertés, à laquelle a collaboré Nelson Mandela, est adoptée. Celle-ci entérine l'objectif de créer une Afrique du Sud unie et non raciale.

En 1960, des manifestations non violentes sont organisées dans tout le pays afin de protester contre les pass (les passeports intérieurs imposés aux Non-Blancs).

Le 21 mars 1960, alors que de nombreux manifestants se rassemblent autour du poste de police de la township de Sharpeville (faubourg indigène), les policiers ripostent en tirant sur la foule. Le bilan est lourd. L'état d'urgence est aussitôt décrété par le Gouvernement, et les partis de lutte contre l'apartheid, dont l'ANC, sont déclarés illégaux, forçant les dirigeants de l'ANC à entrer dans la clandestinité. Entre 1962 et 1963, la plupart d'entre eux sont arrêtés et emprisonnés à vie.

STEVE BIKO ET LE MOUVEMENT DE LA CONSCIENCE NOIRE

À la suite du massacre de Sharpeville, Steve Biko (figure de la lutte antiapartheid, 1946-1977) fonde le Mouvement de conscience noire, un courant de pensée qui recherche une démarche exclusivement noire pour sortir du système d'apartheid. Avec lui, une nouvelle génération de résistants voit le jour et dominera la lutte antiapartheid pendant les années soixante et soixante-dix, reléguant l'ANC et Nelson Mandela à l'arrière-plan.

En juin 1976, en réponse à l'appel de Steve Biko, des manifestations et des soulèvements populaires ont lieu à Soweto (une banlieue de Johannesburg) afin de protester contre l'imposition de l'afrikaans comme langue d'enseignement. La répression policière est virulente : on estime que plusieurs centaines de personnes ont été tuées, principalement des lycéens. Un an plus tard, Steve Biko est arrêté par la police et, un mois après son arrestation, il décède dans des circonstances floues. Suite à ces événements, le pays, déjà très critiqué, est mis au ban de la communauté internationale, qui renforce les mesures de sanction à son égard.

LA FIN DE L'APARTHEID

La situation à l'intérieur du pays se dégrade également, et l'ANC, qui radicalise ses méthodes, commet plusieurs attentats, faisant des victimes civiles. Au début des années quatre-vingt, des comités demandant la libération de Mandela voient le jour dans tout le pays, et le monde entier se mobilise autour du slogan « Libérez Mandela ».

Campagne de soutien en vue de libérer Nelson Mandala datée de 1988.

C'est dans ce contexte que des négociations débutent entre le Gouvernement et lui. Frederik De Klerk, qui devient président en 1989, est conscient que le Gouvernement ne peut plus se permettre de défendre le régime de l'apartheid. Par conséquent, le 2 février 1990, il lève l'interdiction portant sur les partis de lutte contre le régime ségrégationniste. Quelques jours plus tard, il fait libérer Nelson Mandela sans condition. En 1991, l'apartheid est officiellement aboli.

VERS UNE RÉPUBLIQUE DÉMOCRATIQUE

Les négociations se poursuivent dans un climat de tensions faisant craindre une guerre civile. Contre toute attente, les élections de 1994 ont lieu sans heurts, et Nelson Mandela devient le premier président d'une Afrique du Sud multiraciale.

Durant son mandat, il œuvre pour créer une unité nationale et, d'un point de vue politique, des pas de géants sont franchis avec la nouvelle constitution de 1996. L'Afrique du Sud triomphe de l'apartheid, sans bain de sang. Mais d'autres défis sont à relever : combattre les inégalités sociales, résorber la pauvreté et terrasser la criminalité ainsi que la corruption.

TEMPS FORTS

MANDELA, L'UTOPISTE PRAGMATIQUE

L'établissement de Nelson Mandela à Johannesburg marque le début de sa carrière au sein de l'ANC. Sa nouvelle vie citadine n'est sûrement pas étrangère à sa décision d'adhérer au parti. Le quotidien à Johannesburg lui permet en effet de voir avec plus d'acuité les injustices dont souffrent les Noirs.

Ceux qui ont fréquenté Nelson Mandela évoquent son profond sens moral comme point de départ de sa lutte. Selon eux, cette intégrité n'a rien de théorique ; elle s'enracine au contraire dans des valeurs profondes. Ce sens de l'équité dépourvu de tout parti pris doctrinal lui permet d'évaluer la situation de façon réfléchie et d'agir de manière pragmatique. C'est en tout cas ce qu'affirme l'écrivain sud-africain André Brink (1935-2015), ami et fervent admirateur de Mandela, qui affirme qu' « à travers les actions qui ont jalonné et façonné [sa] vie [...], les principes ont toujours joué un très grand rôle, jamais l'idéologie » (« Mandela, un héros de notre temps », in *Courrier international* (hors-série), juin-juillet-août 2010, p. 14).

Le pragmatisme et l'ouverture d'esprit dont Mandela fait preuve sont visibles à travers sa transition assumée de l'africanisme au non-racialisme. En effet, lorsqu'il intègre l'ANC, une question divise les membres du parti : pour atteindre ses objectifs, le mouvement doit-il s'ouvrir aux Indiens, aux Blancs et aux Métis, ou au contraire restreindre ses effectifs et son action aux seuls Noirs ? Contrairement à la vieille garde de l'ANC, Mandela se fait le fervent défenseur du camp africaniste, convaincu que l'émancipation des Noirs ne peut être obtenue que par eux-mêmes. En 1944, il est l'un des membres fondateurs de la Ligue de la jeunesse, déterminée à radicaliser le leadership du parti sur cette question. Mais, en quelques années, l'évolution de la situation sur le terrain oblige Mandela à revoir ses positions. Suite à l'instauration de l'apartheid et au renforcement des inégalités entre Blancs et non-Blancs, il prend conscience que pour aboutir à la mobilisation nécessaire pour lutter contre le régime, l'ANC doit collaborer avec d'autres organisations. Depuis lors, Mandela défend l'idée d'un combat mené par tous les Sud-Africains pour une société unie et multiraciale.

Sa décision de renoncer à l'option pacifiste en 1960, après le massacre de Sharpeville, est éloquente également. De son propre aveu, celle-ci relevait pour lui de la stratégie et non pas d'une option idéologique en soi. Après des débats houleux, Mandela est parvenu à convaincre ses partenaires de l'ANC de la nécessité de mener une lutte armée. Il affirme plus tard que « c'est toujours l'oppresseur qui détermine les méthodes d'action : s'il use de la force brute contre les aspirations populaires légitimes, s'il refuse tout dialogue significatif et de bonne foi, la meilleure méthode en toutes circonstances, parce que les conflits sont toujours mieux résolus par le cerveau que par le sang, alors les opprimés n'ont d'autre choix que de recourir eux aussi à la force » (Claude (Patrice), « Mort de Nelson Mandela, l'Africain capital », in *Le Monde*, 5 décembre 2013).

MANDELA, UNE FIGURE CHARISMATIQUE

L'envol politique de Mandela au sein de l'ANC est quasiment immédiat, et il s'impose rapidement comme une figure centrale du parti. Son charme et son don pour la communication expliquent en grande partie cette montée en puissance. Sur les clichés de l'époque, difficile de ne pas le remarquer : de grande stature et présentant un physique athlétique, il affiche une mise élégante et un sourire charismatique en toutes circonstances. Il exerce une fascination sur ses contemporains, et en particulier sur la gent féminine, auprès de laquelle il fait sensation.

Mais son aura va au-delà de la simple apparence physique. Mandela manie aussi le sens du symbole, comme lorsqu'il se fait photographier en train de brûler son passeport intérieur en 1960, un geste téméraire qui met en avant sa défiance vis-à-vis des autorités.

Nelson Mandela brûlant son passeport, en 1960.

Un autre épisode significatif à cet égard est son apparition drapée dans un *kaross*, la cape traditionnelle en peau de léopard des dignitaires *xhosa*, lors de l'ouverture de son procès en 1962. Déjà dans les années cinquante, alors qu'il est un avocat réputé arborant habituellement un costume trois-pièces, il se faisait photographier en habits traditionnels. Il manifeste par là l'importance qu'il accorde à ses racines africaines et à son lignage prestigieux au sein de la famille royale des Thembu. Lorsqu'il entre dans le box des accusés arborant son *kaross*, Nelson Mandela se montre aussi comme homme noir dans un tribunal d'hommes blancs. Il est tout à fait conscient de la force de cette image et souhaite l'utiliser pour marquer les esprits.

Un procès qui devient une tribune politique

Mandela transforme le procès de Rivonia – du nom de la commune dans laquelle ont été arrêtés les représentants de l'ANC –, en tribune politique. Il se sert de sa plaidoirie avant tout pour défendre sa vision et ses idéaux. Il ne nie pas les faits qui lui sont reprochés, mais il se refuse à reconnaître la légitimité de l'autorité qui prétend le juger. Cette bravoure doit se mesurer à l'échelle du danger encouru : la mort.

ROBBEN ISLAND ET LA NAISSANCE DU MYTHE MANDELA

Nelson Mandela n'est pas condamné à mort. Sa sentence, c'est le bagne, pour toujours. Pourtant, ses années en prison, loin de le briser, façonneront l'homme et le leader à venir.

Ainsi, ses compagnons de combat et lui-même se refusent à croire qu'ils vont terminer leurs jours incarcérés. Cette conviction leur permet de ne pas se laisser abattre et d'affronter les dures conditions de détention qui sont les leurs à Robben Island. Toujours courtois avec ses gardiens afrikaners, Mandela exige et obtient d'être traité avec respect en retour.

Il considère même que cette « cohabitation forcée » avec l'ennemi est une situation dont il peut tirer parti. Il veut comprendre les Afrikaners. C'est pourquoi il apprend leur langue en prison et s'intéresse à l'histoire des Boers. Mandela prend conscience qu'au-delà des clivages communautaires, les Afrikaners et son peuple partagent des affinités qui pourraient être le point de départ d'un dialogue : leur passé nomade, tribal, paysan, leur attachement au continent africain et leur expérience de la lutte pour la survie pourraient en effet l'aider à réconcilier les deux communautés.

Mandela mettra en outre ses années de détention à profit pour étudier et enseigner. Il veut que règne au sein de la prison un esprit universitaire et que chacun de ses camarades partage son savoir avec les autres.

C'est aussi durant son incarcération qu'il devient une icône de la lutte contre l'oppresseur blanc. Comme le dit très justement André Brink, « c'est parce qu'il n'était plus là que sa présence se faisait si fortement sentir. Il était au cœur de tout ce qui se passait. [...] C'est son absence et l'interdiction même de le citer qui ont favorisé sa transformation en mythe » (« Nelson Mandela, l'Africain Capital », in *Le Monde*, 2013). Mandela n'ignore pas qu'il est peu à peu devenu une icône, et il accepte que l'ANC utilise son image pour mobiliser autour du parti les forces lui permettant de se hisser à nouveau comme la première organisation de lutte contre l'apartheid.

Parallèlement à cette action de mobilisation autour de la figure de Mandela, l'ANC fait pression sur le Gouvernement en durcissant les actions menées par la branche armée du parti. Ils organisent des attentats, dont l'un coûte la vie à 19 personnes à Pretoria.

Le Gouvernement soumis à cette pression intérieure et extérieure décide de prendre contact avec Nelson Mandela qui incarne désormais la lutte contre l'apartheid. La première rencontre a lieu en novembre 1985 à l'hôpital Volks au Cap, dans lequel Mandela a été admis pour subir une opération de la prostate. À sa sortie, il réintègre Pollsmoor, mais dispose désormais d'une chambre personnelle afin qu'il puisse poursuivre les discussions secrètes entamées avec le Gouvernement. Les risques pris sont énormes, et Mandela le sait. Mais cette audace sera récompensée : ces rencontres posent les bases pour les négociations qui déboucheront sur la transition démocratique.

Winnie, une figure controversée

La figure de Winnie Mandela a largement contribué à l'édification du mythe entourant Nelson Mandela, mais à l'approche de la libération de ce dernier, elle en devient la partie obscure.

Quand Mandela se fait emprisonner, Winnie devient sa porte-parole. Ce statut lui donne beaucoup de visibilité qu'elle utilise pour défier les autorités. À la suite de ses actions, elle est harcelée par la police, qui l'arrête à plusieurs reprises et l'emprisonne sans procès. Elle sera torturée, mise en isolation pendant de très longues périodes, mais son aura n'en devient que plus grande, car, face à l'adversité, elle reste loyale à la cause qu'elle défend.

Après huit années d'exil forcé dans l'État libre d'Orange, Winnie revient à Soweto. Mais ces quelques années ont laissé leurs marques sur l'épouse de Mandela qui montre les signes d'une progressive radicalisation. Dans un discours daté de 1985, elle justifie le supplice du collier (châtiment qui consiste à placer un pneu enflammé autour des personnes soupçonnées d'être des traîtres à la cause), en affirmant que c'est par ce moyen-là que le pays sera libéré. L'année suivante, elle forme le Mandela United Football Club, une milice faisant régner la terreur à Soweto sous couvert d'activités sportives. Sa réputation est définitivement ternie quand elle est accusée par un membre de ce club d'avoir commandité le meurtre de Stompie Moeketsi (1974-1989), un jeune militant de l'ANC âgé 14 ans qu'elle soupçonnait d'être un informateur du Gouvernement.

Si certains continuent à voir en elle la mère de la nation, beaucoup critiquent son implication dans ce meurtre. Pourtant, lorsque Nelson Mandela sort de prison, il la soutient et lui permet ainsi de retrouver une partie de sa légitimité. Mais l'incompréhension s'installe au sein du couple qui ne partage plus les mêmes idéaux. Les tensions entre les époux s'aggravent et, en 1992, ils se séparent. La popularité de Winnie au sein de la communauté lui permet néanmoins d'occuper diverses fonctions dans le Gouvernement de Mandela et de ses successeurs.

MANDELA À LA TÊTE DE LA NATION ARC-EN-CIEL

Lorsque Mandela est libéré, le chemin à parcourir en vue de mettre en place un régime démocratique est encore long, et la transition s'annonce difficile. En fin diplomate, Mandela comprend que la minorité blanche est trop puissante pour ne pas faire de l'ennemi d'hier le partenaire de demain.

Des négociations secouées par la violence

L'Inkhata Freedom Party (le Parti de la liberté) est radicalement opposé aux négociations ayant lieu entre l'ANC et le Gouvernement. Ce parti conservateur à dominante zouloue fondé en 1975 défend l'idée d'une Afrique ethniquement et géographiquement séparée. Le dirigeant du parti, Mangosuthu Buthelezi (né en 1928), organise des émeutes en 1992, qui se solderont par des massacres, notamment à Boipatong et à Bisho. Malgré tout, les négociations se poursuivent et finiront par aboutir.

Une fois à la tête du pays, Mandela multiplie les actes symboliques de réconciliation. Ainsi, il invite, par exemple, les épouses des anciens Premiers ministres et présidents du pays avec les épouses des anciens prisonniers de Robben Island à prendre le thé ; ou défend, lors de la Coupe du monde de rugby en 1995, l'équipe nationale des Springboks, pourtant symbolique des Blancs d'Afrique du Sud.

Mandela a conscience de la difficulté pour son pays de revenir sur le passé, mais il estime qu'il s'agit d'une étape nécessaire. Pour cette raison, il crée la Commission vérité et réconciliation avec pour objectif de recenser les exactions commises depuis le massacre de Sharpeville en 1960. Les victimes et les auteurs des crimes sont invités à venir témoigner devant la Commission, présidée par Mgr Desmond Tutu (évêque sud-africain, né en 1931). En échange de leurs confessions, les auteurs d'exactions obtiennent une amnistie pleine et entière.

Comme il l'avait annoncé, Mandela ne brigue pas de second mandat. Il dédie les dernières années de sa vie à défendre certaines causes qui lui sont chères, comme notamment l'éducation et la lutte contre le sida.

Lorsqu'il s'éteint à l'âge de 95 ans, le monde entier lui rend hommage, saluant le héros de la lutte contre l'apartheid et le premier président noir d'Afrique du Sud. Des funérailles d'État sont organisées, rassemblant de nombreuses personnalités politiques. Il est enterré dans son village d'enfance de Qunu. Selon ses vœux, sa sépulture est modeste : seul est gravé sur la pierre de sa tombe un simple mot, « Mandela ».

RÉPERCUSSIONS

LA FIN DE L'APARTHEID

Nelson Mandela laisse en héritage une Afrique du Sud ayant triomphé de l'apartheid. Avec le régime ségrégationniste périt également l'un des derniers symboles de la colonisation européenne, comme le souligne Mark Behr (auteur sud-africain, 1963-2015).

Si l'ancien président a longtemps répété qu'il n'était pas à l'origine du changement dans le pays, car d'autres y ont participé, il est toutefois celui qui a mené la bataille décisive, en permettant, par sa magnanimité, que cette révolution se produise sans basculer dans la guerre civile.

UN BILAN POLITIQUE EN DEMI-TEINTE

Lorsqu'il accède à la présidence, Nelson Mandela se consacre essentiellement à la consolidation de l'union nationale en agissant pour la réconciliation entre les différentes communautés sud-africaines.

Il délègue la gestion des affaires courantes à son vice-président – et futur successeur – Thabo Mbeki (né en 1942). Pour celui-ci, le redressement économique du pays passe obligatoirement par sa réinsertion dans le système économique global dominé par les puissances capitalistes occidentales. L'ANC opère donc une volte-face en laissant derrière lui l'influence marxiste ayant donné le ton aux années de combat pour se lancer dans l'aventure libérale, démontrant à nouveau le pragmatisme idéologique dont il a fait preuve à plusieurs reprises.

La croissance économique est au rendez-vous, mais Thabo Mbeki échoue dans la redistribution des richesses, malgré certains efforts louables (construction de nombreux logements, amélioration de la distribution de l'électricité et de l'accès à l'eau potable). L'ordre économique privilégiant les Blancs n'est pas réellement remis en cause et la ségrégation raciale laisse place à une ségrégation sociale qui maintient des caractéristiques communautaires, même si l'on voit se développer une nouvelle élite économique noire souvent proche du pouvoir. Si les relations de Mbeki avec la classe patronale sont bonnes, il perd peu à peu contact avec la base populaire, déçue par les faiblesses du Gouvernement à résoudre les problèmes de chômage, à prendre des mesures pour contrer l'expansion de l'épidémie du sida et à la forte progression de la criminalité et de la corruption. Pour donner le change, certains représentants de l'ANC radicalisent leurs discours, adoptant des accents anti-Blancs. La persistance des inégalités entre Noirs et Blancs engendre, de plus, des actes de revanche individuels de certains envers la minorité européenne, très inquiète de cette situation.

Accusé d'interférences politiques, Thabo Mbeki est forcé de démissionner en septembre 2008. Un an plus tard, Jacob Zuma (actuel président de la République d'Afrique du Sud, né en 1942) est élu. Ce représentant de l'aile gauche de l'ANC a su capitaliser les voix sur la déception des plus pauvres face à la politique économique libérale du président Mbeki. Pourtant, sa réélection en 2014 se produit sur un fond de désillusion. L'équilibre économique et social se fait toujours attendre malgré les promesses maintes fois répétées. Dans toutes les couches de la population, le scepticisme vis-à-vis de l'action politique menée par l'ANC grandit. Bien que le parti domine toujours le paysage politique, il enregistre un certain recul.

MANDELA, LE PATRIARCHE ET L'EMBLÈME FÉDÉRATEUR

Mandela meurt plus de dix ans après la fin de son mandat présidentiel. Il connaîtra donc lui-même « l'après-Mandela ».

Lorsqu'il se retire de la vie politique, il demeure une figure publique importante comme en témoigne sa présence quasi permanente dans les médias sud-africains. Sur le plan international, il ne perd rien de sa notoriété non plus. Les dérives de l'ANC ne salissent pas son image, lui qui continue à faire l'unanimité. Il semble même que, plus la classe politique est discréditée aux yeux des Sud-Africains, plus Mandela prend la stature d'un héros, presque contre son gré. En effet, bien qu'il ait conscience du mythe qu'il incarne, il s'est toujours gardé de tomber dans le culte de la personnalité.

Il serait injuste de lui faire porter la responsabilité de la piètre gestion du pouvoir de ses successeurs. Cependant, on peut s'étonner de son relatif silence sur les dérives de son parti. Il reconnaît ainsi que celui-ci ne s'est pas suffisamment attaqué au fléau du sida et critique les insuffisances du Gouvernement Mbeki à cet égard. Mais, mis à part cet élément, sa loyauté envers l'ANC reste entière.

La transition de plain-pied vers la démocratie s'annonce difficile, et la situation très inégalitaire héritée de 43 ans d'apartheid ne peut être effacée en quelques années. L'ANC n'est pas encore à la hauteur de sa tâche, et le destin de l'Afrique du Sud semble très incertain. Mais Mandela incarne toujours, même après sa mort, une figure autour de laquelle les Sud-Africains se rassemblent, et un emblème capable d'inspirer la ligne morale nécessaire pour façonner la nouvelle démocratie.

RÉSUMÉ

1918
18 juill. : Naissance de Nelson Mandela

1941
Nelson Mandela s'enfuit à Johannesburg

1943
Nelson Mandela s'engage dans l'ANC

1944
Création de la Ligue de la jeunesse de l'ANC

1952
Nelson Mandela fonde le premier cabinet noir d'Afrique du Sud avec Oliver Tambo

1960
***21 mars* : Massacre de Sharpeville**
Création de la cellule armée de l'ANC

1962

Août : **Nelson Mandela est arrêté et est condamné à la réclusion à vie**

1990

Nelson Mandela est libéré de prison

1991

L'apartheid est officiellement aboli

1994

Nelson Mandela est élu président de l'Afrique du Sud

1998

Nelson Mandela choisit de ne pas se représenter pour un second mandat

2013

5 déc. : Mort de Nelson Mandela

- Le nom de Nelson Mandela est universellement célébré. Il est le militant intraitable contre l'apartheid qui, après une détention longue de 27 années, devient le stratège pragmatique du processus démocratique. Une fois à la tête de l'Afrique du Sud, il œuvre à la réconciliation de son pays divisé par les blessures du passé. Après avoir cédé le pouvoir, il demeure une figure vénérée, incarnant l'espoir et la réconciliation.

- L'icône est belle, mais elle n'est pas tout. Il est le premier à l'affirmer, alors même qu'il s'adresse aux siens après sa sortie de prison : « Je suis ici devant vous non pas comme un prophète, mais comme votre humble serviteur. C'est grâce à vos sacrifices inlassables et héroïques que je suis ici aujourd'hui. Je mets donc les dernières années de ma vie entre vos mains. » (« Mandela, les discours entrés dans l'histoire », in *Le Monde*, 6 décembre 2013)
- Il n'est certes pas sans défaut. Ce n'est pas un héros, pas même un pacifiste. Mais on ne peut être qu'impressionné par ses qualités d'homme : sa foi en l'humanité, son courage et sa détermination ont, à force de sacrifice, changé le destin de l'Afrique du Sud.
- Aujourd'hui, l'héritage laissé par Mandela suscite l'inquiétude et les interrogations. Les inégalités entre les différentes communautés d'Afrique du Sud n'ont pas été effacées. Elles

perdurent, le plus souvent au profit de la minorité blanche, et certains se sentent laissés pour compte. Pour ceux-là, Nelson Mandela a trop pardonné, trop cédé, et ils se sentent donc trahis. Ils lui reprochent sa clémence et les compromis concédés pour assurer une transition démocratique en douceur, qui n'ont pas permis la mise en place d'un véritable équilibre entre les communautés.

- Si ce reproche semble injuste, il en est d'autres qui sont trop souvent passés sous silence pour ne pas entacher le saint que certains se plaisent à voir en lui. Son parti, l'ANC, porte de lourdes responsabilités dans la paralysie actuelle de l'Afrique du Sud, qui se débat entre les ravages de l'épidémie du sida, la criminalité sans limites et la corruption qui gangrènent le pays. Mandela, par loyauté ou par aveuglement, n'a jamais dénoncé l'ANC ni semblé envisager que son parti ait pu faire fausse route.
- Malgré les difficultés auxquelles le pays est confronté, l'espoir que l'Afrique du Sud puisse un jour être le pays dont Nelson Mandela a rêvé et celui pour lequel il a œuvré n'est pas perdu. Comme le souligne André Brink en 1999, « Mandela a réalisé l'impossible. À

ses successeurs, maintenant, de réaliser le possible. » (« Mandela, un héros de notre temps », in *Courrier international* (hors-série), juin-juillet-août 2010, p. 16)

Votre avis nous intéresse !
Laissez un commentaire sur le site de votre librairie en ligne et partagez vos coups de cœur sur les réseaux sociaux !

POUR ALLER PLUS LOIN

SOURCES BIBLIOGRAPHIQUES

- Behr (Mark), « Nelson Mandela, une ligne morale », in *Le Monde*, 6 décembre 2013.
- Beresford (David), « Nelson Mandela Obituary », in *The Guardian*, 5 décembre 2013.
- Claude (Patrice), « Mort de Nelson Mandela, l'Africain capital », in *Le Monde*, 5 décembre 2013.
- Coquerel (Paul), *L'Afrique du Sud : une histoire séparée, une nation à réinventer*, Paris, Gallimard, 2010.
- Couzens (Tim), Coward (Rosalind), Frense (Amina) et Nicol (Mike), *Mandela, le portrait autorisé*, Paris, Acropole, 2006.
- Keller (Bill), « Nelson Mandela, South Africa's Liberator as Prisoner and President, Dies at 95 », in *The New York Times*, 5 décembre 2013.
- Mandela (Nelson), *Long Walk to Freedom*, Randburg, Macdonald Purnell, 1994.
- *Mandela : An Audio History*, consulté le 19 novembre 2015. http://www.mandelahistory.org/
- « Mandela, les discours entrés dans l'histoire », in *Le Monde*, 6 décembre 2013.

- « Mandela, un héros de notre temps », in *Courrier international* (hors-série), juin-juillet-août 2010.
- « Nelson Mandela, l'Africain Capital », in *Le Monde*, 2013.
- SAMPSON (Anthony), *Mandela, The Authorized Biography*, New York, Harper Collins, 1999.
- « The Nelson Mandela Centre of Memory », in *Nelson Mandela.org*, consulté le 19 novembre 2015. https://www.nelsonmandela.org/

SOURCES COMPLÉMENTAIRES

- « Apartheid », in *Oxford Histories*, Oxford University Press, 2014.
- KELLER (Bill), *Tree Shaker: The Story of Nelson Mandela*, New York, Kingfisher Books, 2013.
- LODGE (Tom), *Politics in South Africa From Mandela to Mbeki*, Le Cap et Oxford, David Philip Publisher, 2003.
- MANDELA (Nelson), *Conversations With Myself*, New York, Farrar, Straus & Giroux, 2010.
- RUSSELL (Alec), *After Mandela, the Battle for the Soul of South Africa*, Londres, Hutchinson, 2009.
- SPARKS (Allister), *Beyond the Miracle: Inside the New South Africa*, Chicago, University of Chicago Press, 2009.

- SPARKS (Allister), *Tomorrow Is Another Country : The Inside Story of South Africa's Road to Change*, Chicago, University of Chicago Press, 1996.
- SUANT (Jacques), *Afrique du Sud, du principe à la nécessité*, Paris, L'Harmattan, 1996.

SOURCES ICONOGRAPHIQUES

- Portrait de Nelson Mandela. La photo reproduite est réputée libre de droits.
- La cellule de Nelson Mandela à Robben Island. La photo reproduite est réputée libre de droits.
- Participation de Nelson Mandela aux votes pour l'élection présidentielle de 1994. La photo reproduite est réputée libre de droits.
- Campagne de soutien en vue de libérer Nelson Mandala datée de 1988. La photo reproduite est réputée libre de droits.
- Nelson Mandela brûlant son passeport, en 1960. La photo reproduite est réputée libre de droits.

FILMS ET DOCUMENTAIRES

- *Mandela*, film de Philip Saville, avec Danny Glover et Alfre Woodard, États-Unis, 1987.
- *Death of Apartheid*, documentaire de Stephen Clarke, Mick Gold, Stewart Lansley, États-Unis, 1995.

- *Mandela: Son of Africa, Father of a Nation*, documentaire d'Angus Gibson et Jo Menell, États-Unis, 1996.
- *Mandela and De Klerk*, film de Joseph Sargent, avec Sydney Poitier et Michael Caine, États-Unis, 1997.
- *The Long Walk of Nelson Mandela*, documentaire de Clifford Bestall, États-Unis, 1999.
- *Goodbye Bafana*, film de Bille August, avec Dennis Haysbert et Joseph Fiennes, Royaume-Uni, 2007.
- *Invictus*, film de Clint Eastwood, avec Matt Damon et Morgan Freeman, États-Unis, 2009.
- *Reconciliation : Mandela's Miracle*, documentaire de Michael Henry Wilson, États-Unis, 2010.
- *Winnie*, film de Darrell Roodt, avec Jennifer Hudson et Terrence Howard, Afrique du Sud, 2011.
- *Mandela : Long Walk to Freedom*, film de Justin Chadwich, avec Idris Elba et Naomie Harris, États-Unis, 2013.
- *Nelson Mandela : the Final Chapter*, documentaire de Clifford Bestall, Autralie, 2013.
- *Mandela y Fidel*, documentaire d'Estela Bravo et d'Ernesto Mario Bravo, Cuba, 2013.

BÂTIMENTS COMMÉMORATIFS

- La statue de Nelson Mandela inaugurée en 2004 sur la place Nelson Mandela à Standton, Johannesburg.
- La statue de Nelson Mandela inaugurée en 2007 au Parliament Square à Londres.
- La statue géante de Nelson Mandela, inaugurée en 2013 dans les Jardins de la présidence à Pretoria.
- Le fonds d'aide à l'enfance Nelson Mandela, inauguré en 1995 à Johannesburg.
- La fondation Nelson Mandela, organisation non-gouvernementale luttant contre l'épidémie du sida et pour l'amélioration de l'éducation en Afrique du Sud, inaugurée en 1999 à Johannesburg.
- Le musée métropolitain Nelson Mandela inauguré en 2002 à Port Elizabeth.
- L'université métropolitaine Nelson Mandela, née du regroupement de trois universités, inaugurée en 2005 à Port Elizabeth.

Votre avis nous intéresse !
Laissez un commentaire sur le site de votre librairie en ligne et partagez vos coups de cœur sur les réseaux sociaux !

www.50minutes.fr

ISBN ebook : 978-2-8062-6713-9
ISBN papier : 978-2-8062-6714-6
Dépôt légal : D/2016/12603/145
Photo de couverture : *Nelson Mandela* © La photo reproduite est réputée libre de droits

Conception numérique : Primento,
le partenaire numérique des éditeurs